· BOLOS RÁPIDOS ·

Um bolo é uma solução de que você sempre pode lançar mão para o lanche das crianças ou quando chega uma visista inesperada. Hoje em dia, porém, ninguém tem muito tempo para ficar na cozinha preparando receitas muito demoradas ou trabalhosas. Por isso, selecionamos receitas de bolos bem fáceis de fazer e, por isso mesmo, rápidos, a maioria deles sem recheio ou cobertura, mas nem por isso menos gostosos. Qualquer bolo, por simples que seja, acompanhado de um café fresquinho, é uma

MELHORAMENTOS

◆ SUMÁRIO ◆

Bolo de maisena, 3 – Bolo beijinho, 3
Bolo de água, 4 – Bolo de milho verde, 4
Bolo de uva passa, 5 – Bolo dos cinco copos, 5
Bolo maluco de chocolate, 6 – Bolo de creme de leite, 6
Bolo de limão, 7 – Bolo de nozes, 7
Bolo de manga, 8 – Bolo de pêra caramelado, 8
Bolo formigueiro com cobertura, 13 – Bolo baiano, 13
Bolo com cobertura de chocolate branco, 14 – Bolo de mel, 14
Bolo de laranja e aveia, 15 – Bolo de iogurte, 15
Bolo de fubá, 16 – Bolo delícia de coco, 16
Bolo de amendoim, 17 – Bolo de café, 17
Bolo de fubá e coco, 18 – Bolo sem açúcar, 18
Bolo de leite condensado, 19 – Bolo de maçã, 19
Surpresa de coco, 20 – Bolo de chocolate, 20

◆

Capa: Surpresa de coco (receita na página 20)
Projeto gráfico: Erika Kamogawa
Fotografias: Marcelo de Breyne (capa), Helena de Castro (miolo); produção culinária: Ju Barbosa
Produção editorial e editoração eletrônica: Clim Editorial
Nossos agradecimentos à M. Dragonetti

© 2007 Editora Melhoramentos Ltda.
1.ª edição, 13.ª impressão, outubro de 2008
Atendimento ao consumidor: Caixa Postal 11541 - CEP 05049-970 - São Paulo - Brasil
Tel: (11) 3874-0880
www.editoramelhoramentos.com.br
sac@melhoramentos.com.br

ISBN: 978-85-06-05085-9
Impresso no Brasil

BOLO DE MAISENA

♦

Ingredientes:
manteiga para untar – farinha de trigo para polvilhar – 4 ovos (claras e gemas separadas) – 1 xícara de chá de açúcar – casca ralada de 1 limão – 200 g de maisena – 1 colher de sopa de fermento em pó

Modo de fazer: Unte uma forma redonda com buraco no meio e polvilhe com farinha de trigo. Bata as claras em neve e reserve. Em outra tigela, bata as gemas com os demais ingredientes. Tire da batedeira e junte as claras em neve, mexendo delicadamente. Despeje a massa na forma preparada. Leve ao forno médio (180°C), preaquecido, para assar por 20-25 minutos.

Observação: Este bolo é uma ótima idéia para quando você não tem farinha de trigo em casa.

Sugestão: Faça um glacê com açúcar e suco de limão e despeje sobre o bolo.

BOLO BEIJINHO

♦

Ingredientes:
manteiga para untar – farinha de trigo para polvilhar – 4 ovos – 1 xícara de chá de chocolate em pó – 1/2 xícara de chá de óleo – 1 xícara de chá de água fervente – 1 xícara de chá de açúcar – 2 xícaras de chá de farinha de trigo – 1 colher de sopa de fermento em pó

Recheio:
1 lata de beijinho

Modo de fazer: Unte uma forma redonda e polvilhe com farinha de trigo. Bata todos os ingredientes no liquidificador. Despeje a massa na forma preparada. Leve ao forno médio (180°C), preaquecido, para assar por cerca de 30 minutos. Desenforme o bolo e corte ao meio. Recheie com o beijinho.

Sugestão: Para que o bolo fique mais úmido, misture o beijinho com leite de coco.

BOLO DE ÁGUA

◆

Ingredientes:
*4 ovos (claras e gemas separadas)
– 2 xícaras de chá de açúcar
– 2 xícaras de chá de farinha de trigo
– 6 colheres de sopa de água – 1 colher de sopa de fermento em pó – manteiga para untar – farinha de trigo para polvilhar*

Modo de fazer: Bata as claras em neve e reserve. Bata as gemas com o açúcar. Acrescente a farinha de trigo alternando com a água. Junte o fermento e, por último, as claras em neve. Unte uma forma e polvilhe com farinha de trigo. Despeje a massa e leve ao forno médio (180°C), preaquecido, para assar por cerca de 30 minutos. Retire do forno e desenforme. Sirva morno.

Observação: Se você não tem leite nem manteiga em casa, este bolo é um ótimo quebra-galho.

Sugestão: Se quiser, coloque por cima do bolo fatias de banana ou de maçã e polvilhe com canela em pó.

BOLO DE MILHO VERDE

◆

Ingredientes:
2 latas de milho verde, escorrido – 3 ovos – 1/2 litro de leite – 2 xícaras de chá de açúcar – 1 colher de sopa de manteiga derretida – 1 colher de sopa bem cheia de farinha de trigo – 1 colher de sopa de fermento em pó – manteiga para untar – farinha de trigo para polvilhar

Modo de fazer: Bata no liquidificador o milho com os ovos e o leite. Acrescente os ingredientes restantes, batendo sempre. Unte uma forma e polvilhe com farinha de trigo. Despeje a massa e leve ao forno médio (180°C), preaquecido, para assar por cerca de 30 minutos. Retire do forno e desenforme. Sirva morno.

Observação: Em todos os bolos, pode-se usar margarina no lugar da manteiga.

Sugestão: Depois de desenformar, regue o bolo com calda de chocolate para sorvete.

Bolo de uva passa

◆

Ingredientes:

4 ovos (gemas e claras separadas) – 2 xícaras de chá de açúcar – 4 colheres de sopa de manteiga – 1 lata de creme de leite (com o soro) – 1 1/2 xícara de chá de farinha de trigo – 3 colheres de chá de fermento em pó – 1 xícara de chá de uva passa sem sementes – manteiga para untar – farinha de trigo para polvilhar – açúcar de confeiteiro para polvilhar

Modo de fazer: Na batedeira, bata as claras em neve e reserve. Em outra tigela, bata as gemas com o açúcar e a manteiga até ficar um creme liso. Junte o creme de leite alternando com a farinha, batendo sempre. Tire da batedeira e misture delicadamente o fermento e depois a uva passa. Por último, adicione as claras em neve. Unte uma forma e polvilhe com farinha de trigo. Despeje a massa e leve ao forno médio (180°C), preaquecido, para assar por cerca de 30 minutos. Desenforme morno e polvilhe com açúcar de confeiteiro. Sirva a seguir.

Bolo dos cinco copos

◆

Ingredientes:

manteiga para untar – farinha de trigo para polvilhar – 3 ovos (claras e gemas separadas) – 2 copos americanos de açúcar – 2 copos americanos de farinha de trigo – 1 pitada de sal – 1 colher de sopa de fermento em pó – 1 copo americano de leite fervente

Modo de fazer: Unte uma forma e polvilhe com farinha de trigo. Preaqueça o forno em temperatura média (180°C). Na batedeira, bata as claras em neve. Junte as gemas e bata mais um pouco. Acrescente o açúcar e a farinha, um copo de cada vez, batendo sempre. Junte o sal e o fermento. Adicione o leite fervente, mexa ligeiramente e despeje na forma preparada. Leve ao forno já quente para assar por cerca de 20 minutos.

Sugestões: Em lugar do leite, use leite de coco ou suco de laranja quente. Para variar, acrescente à massa 1 pacote (100 g) de coco ralado.

BOLO MALUCO DE CHOCOLATE

◆

Ingredientes:

manteiga para untar – farinha de trigo para polvilhar – 2 xícaras de chá de açúcar – 2 ovos – 1 xícara de chá de chocolate em pó – 1 xícara de chá de óleo – 1 colher de chá de sal – 1 colher de sopa de fermento em pó – 3 xícaras de chá de farinha de trigo – 1 xícara de chá de água fervente

Modo de fazer: Unte uma forma e polvilhe com farinha de trigo. Coloque todos os ingredientes numa tigela, pela ordem, sem mexer. Leve à batedeira e bata por 3 minutos. Despeje a massa na forma preparada. Leve ao forno médio (180°C), preaquecido, para assar por aproximadamente 30 minutos. Desenforme e sirva, quente ou morno.

Sugestão: Ao lado da fatia de bolo, coloque no pratinho um pouco de geléia de morango.

BOLO DE CREME DE LEITE

◆

Ingredientes:

manteiga para untar – farinha de trigo para polvilhar – 3 ovos (gemas e claras separadas) – 1 xícara de chá de creme de leite – 1 xícara de chá de açúcar – 2 xícaras de chá de farinha de trigo – 1 colher de sopa de fermento em pó – 1 pitada de sal – casca de limão ralada

Modo de fazer: Unte uma forma e polvilhe com farinha de trigo. Bata as claras em neve e reserve. Bata as gemas com o creme de leite e o açúcar. Peneire juntos a farinha de trigo, o fermento e o sal. Batendo sempre, vá juntando ao creme aos poucos os ingredientes peneirados. Tire da batedeira e misture delicadamente as claras em neve e a casca de limão ralada. Despeje a massa na forma preparada. Leve ao forno médio (180°C), preaquecido, para assar por cerca de 30 minutos. Desenforme e sirva a seguir.

Bolo de Limão

♦

Ingredientes:

manteiga para untar – farinha de trigo para polvilhar – 4 colheres de sopa de manteiga – 2 xícaras de chá de açúcar – 4 ovos – suco de 1 limão – casca ralada de 1/2 limão – 2 xícaras de chá de farinha de trigo – 1 colher de sopa de fermento em pó

Modo de fazer: Unte uma forma redonda com buraco no meio e polvilhe com farinha de trigo. Bata a manteiga com o açúcar, depois acrescente os ovos, um a um, batendo sempre. Junte o suco e as raspas de limão. Adicione a farinha peneirada com o fermento. Despeje a massa na forma preparada. Leve ao forno médio (180°C), preaquecido, para assar por cerca de 25 minutos.

Sugestão: Chantili combina muito bem com o sabor do limão. Use-o para cobrir o bolo ou como acompanhamento.

Bolo de Nozes

♦

Ingredientes:

manteiga para untar – farinha de trigo para polvilhar – 4 ovos (claras e gemas separadas) – 3 colheres de sopa de manteiga – 1 1/2 xícara de chá de açúcar – 1 1/2 xícara de chá (200 g) de nozes picadas – 1 xícara de chá de farinha de trigo – 2 colheres de chá de fermento em pó

Modo de fazer: Unte uma forma redonda com buraco no meio e polvilhe com farinha de trigo. Bata as claras em neve e reserve. Em outra tigela, bata a manteiga com o açúcar, depois acrescente as gemas, uma a uma, batendo sempre. Tire da batedeira e adicione as nozes e a farinha peneirada com o fermento. Por último, junte as claras em neve e mexa delicadamente. Despeje a massa na forma preparada. Leve ao forno médio (180°C), preaquecido, para assar por cerca de 25 minutos.

Sugestão: No lugar das nozes, podem ser usados castanha-do-pará, amêndoa, pecã ou amendoim.

Bolo de Manga

Massa:
manteiga para untar – farinha de trigo para polvilhar – 2 1/2 xícaras de chá de farinha de trigo – 1 colher de sopa de fermento em pó – 5 ovos – 2 colheres de sopa de manteiga – 1 xícara de chá de suco concentrado de manga – 2 xícaras de chá de açúcar

Calda:
1 xícara de chá de suco concentrado de manga – 1 xícara de chá de açúcar

Modo de fazer: Unte uma forma e polvilhe com farinha. Em uma tigela, peneire a farinha e o fermento. Bata os demais ingredientes no liquidificador e despeje sobre os ingredientes peneirados. Misture bem. Despeje a massa na forma preparada. Leve ao forno médio (180°C), preaquecido, para assar por cerca de 30 minutos. Misture os ingredientes da calda. Retire o bolo do forno e regue com a calda.

Sugestão: Corte o bolo ao meio e recheie com fatias de manga.

Bolo de Pêra Caramelado

Ingredientes:
6 ovos (claras e gemas separadas) – 3 xícaras de chá de açúcar – 1 colher de sopa de manteiga – 2 xícaras de chá de farinha de trigo – 2 colheres de sopa de fermento em pó – 1 pitada de sal – 1 lata de pêra em calda

Modo de fazer: Bata as claras em neve e reserve. Em outra tigela, bata as gemas com 2 xícaras de chá de açúcar, a manteiga, a farinha de trigo, o fermento e o sal. Junte 2/3 de xícara da calda da pêra e bata mais um pouco. Tire da batedeira e misture delicadamente as claras em neve. Derreta 1 xícara de chá de açúcar numa forma redonda e caramelize a forma. Distribua as peras no fundo e despeje a massa por cima. Leve ao forno médio (180°C), preaquecido, para assar por cerca de 35 minutos. Desenforme, espere esfriar e sirva.

Sugestão: Este bolo também pode ser feito com abacaxi em calda.

Bolo de pêra caramelado

◆ Bolo de amendoim

Bolo de maçã

Bolo formigueiro com cobertura

Bolo formigueiro com cobertura

◆

Massa:
manteiga para untar – farinha de trigo para polvilhar – 3 ovos (claras e gemas separadas) – 2 xícaras de chá de açúcar – 2/3 de xícara de chá de manteiga – 1 xícara de chá de leite – 1 pacote pequeno de coco ralado – 1 pacote pequeno de chocolate granulado – 2 xícaras de chá de farinha de trigo – 1 colher de sopa de fermento em pó

Cobertura:
1/3 de xícara de chá de manteiga – 1/2 lata de leite condensado – 5 colheres de sopa de chocolate em pó

Modo de fazer: Unte uma forma redonda com buraco no meio e polvilhe com farinha de trigo. Bata as claras em neve e reserve. Em outra tigela, bata o açúcar com a manteiga. Acrescente as gemas e bata mais um pouco. Tire da batedeira e adicione sem bater, apenas mexendo levemente, o leite, o coco, o chocolate, a farinha e o fermento. Por último, misture delicadamente as claras em neve. Despeje a massa na forma preparada. Leve ao forno médio (180°C), preaquecido, para assar por cerca de 30 minutos. Enquanto o bolo assa, prepare a cobertura: coloque os ingredientes numa panelinha e leve ao fogo para derreter. Desenforme o bolo e regue com a cobertura.

Bolo baiano

◆

Ingredientes:
manteiga para untar – farinha de trigo para polvilhar – 2 colheres de sopa de manteiga – 2 xícaras de chá de açúcar – 3 ovos – 1 vidro de leite de coco – 2 xícaras de chá de farinha de trigo – 1 xícara de chá de maisena – 1 colher de sopa de fermento em pó

Modo de fazer: Unte uma forma e polvilhe com farinha de trigo. Bata todos os ingredientes juntos na batedeira. Despeje a massa na forma preparada. Leve ao forno médio (180°C), preaquecido, para assar por cerca de 30 minutos ou até dourar.

Bolo com cobertura de chocolate branco

◆

Massa:
manteiga para untar – farinha de trigo para polvilhar – 4 ovos (claras e gemas separadas) – 1 xícara de chá de açúcar – 1 xícara de chá de leite – 2 xícaras de chá de farinha de trigo – 1 colher de sopa de fermento em pó

Recheio:
1 vidro de geléia de goiaba

Cobertura:
200 g de chocolate branco picado – 200 g de creme de leite fresco – 1 colher de chá de essência de baunilha

Modo de fazer: Unte uma forma redonda e polvilhe com farinha de trigo. Bata as claras em neve e reserve. Em outra tigela, bata as gemas com o açúcar e o leite. Acrescente a farinha e o fermento e mexa até que a massa fique homogênea. Por último, junte as claras em neve e mexa delicadamente. Despeje a massa na forma preparada. Leve ao forno médio (180°C), preaquecido, para assar por cerca de 30 minutos. Prepare a cobertura: misture os ingredientes numa panelinha e leve ao banho-maria até derreter o chocolate. Tire do fogo e bata bem. Retire o bolo do forno, corte ao meio e recheie com a geléia de goiaba. Cubra com a cobertura de chocolate branco.

Bolo de mel

◆

Ingredientes:
manteiga para untar – farinha de trigo para polvilhar – 4 ovos – 1 lata de leite condensado – 2 xícaras de chá de leite – 3 colheres de sopa de manteiga – 5 colheres de sopa de mel – 2 xícaras de chá de farinha de trigo – 1 colher de sopa de fermento em pó

Modo de fazer: Unte uma forma e polvilhe com farinha de trigo. Bata todos os ingredientes no liquidificador. Despeje a massa na forma preparada. Leve ao forno médio (180°C), preaquecido, para assar por cerca de 35 minutos.

Bolo de laranja e aveia

◆

Massa:
manteiga para untar – farinha de trigo para polvilhar – 5 ovos (claras e gemas separadas) – 1 laranja – 1 xícara de chá de óleo – 2 1/2 xícaras de chá de açúcar – 1 xícara de chá de aveia – 3 1/2 xícaras de chá de farinha de trigo – 1 1/2 colher de sopa de fermento em pó

Calda:
1 xícara de chá de suco de laranja – 3 colheres de sopa de açúcar

Modo de fazer: Unte uma forma redonda e polvilhe com farinha. Bata as claras em neve e reserve. Corte a laranja em 4 e retire as sementes. Bata no liquidificador a laranja com as gemas e os demais ingredientes. Junte as claras em neve e mexa delicadamente. Despeje a massa na forma preparada. Leve ao forno médio (180°C), preaquecido, para assar por 35 minutos. Prepare a calda misturando o suco com o açúcar. Retire o bolo do forno, fure com um garfo e regue com a calda.

Bolo de iogurte

◆

Ingredientes:
manteiga para untar – farinha de trigo para polvilhar – 2 ovos (claras e gemas separadas) – 1 colher de sopa de manteiga – 2 xícaras de chá de açúcar – 3 xícaras de chá de farinha de trigo – 1 colher de sopa de fermento em pó – 1 potinho de iogurte natural

Modo de fazer: Unte uma forma redonda com buraco no meio e polvilhe com farinha de trigo. Bata as claras em neve e reserve. Em outra tigela, bata a manteiga com o açúcar, depois acrescente as gemas, uma a uma, batendo sempre. Peneire a farinha com o fermento. Acrescente à massa os ingredientes peneirados, intercalando com o iogurte. Por último, junte as claras em neve e mexa delicadamente. Despeje a massa na forma preparada. Leve ao forno médio (180°C), preaquecido, para assar por cerca de 25 minutos.

Sugestão: Sirva com frutas frescas cortadas em fatias ou com geléia.

Bolo de fubá

♦

Ingredientes:

manteiga para untar – farinha de trigo para polvilhar – 2 ovos (claras e gemas separadas) – 2 colheres de sopa de manteiga – 1 xícara de chá de açúcar – 1 xícara de chá de farinha de trigo – 1 xícara de chá de fubá – 1 colher de sopa de fermento em pó – 1 xícara de chá de leite – 1 colher de sopa de sementes de erva-doce

Modo de fazer: Unte uma forma redonda com buraco no meio e polvilhe com farinha de trigo. Bata as claras em neve e reserve. Em outra tigela, bata a manteiga com o açúcar, depois acrescente as gemas, uma a uma, batendo sempre. Peneire a farinha com o fubá e o fermento. Acrescente à massa os ingredientes peneirados, intercalando com o leite. Por último, junte as claras em neve e a erva-doce e mexa delicadamente. Despeje a massa na forma preparada. Leve ao forno médio (180°C), preaquecido, para assar por cerca de 25 minutos. Sirva morno.

Bolo delícia de coco

♦

Ingredientes:

manteiga para untar – farinha de trigo para polvilhar – 6 ovos – 1 lata de leite condensado – 1 vidro pequeno de leite de coco – 300 g de coco ralado – 2 colheres de sopa de farinha de trigo – 1 colher de chá de fermento em pó

Modo de fazer: Unte uma forma redonda com buraco no meio e polvilhe com farinha de trigo. Na batedeira, bata bem os ovos, depois acrescente os demais ingredientes pela ordem, batendo sempre. Despeje a massa na forma preparada. Leve ao forno médio (180°C), preaquecido, para assar por aproximadamente 25 minutos ou até dourar. Retire do forno, desenforme e espere esfriar para servir.

Sugestões: O bolo ficará mais saboroso se você usar coco ralado fresco. Sirva acompanhado de bolas de sorvete (sabor de sua preferência).

Bolo de amendoim

◆

Ingredientes:
manteiga para untar – farinha de trigo para polvilhar – 6 ovos (claras e gemas separadas) – 1 xícara de chá de açúcar – 2 xícaras de chá de amendoim moído – 1 colher de sopa de fermento em pó

Modo de fazer: Unte uma forma e polvilhe com farinha de trigo. Bata as claras em neve e reserve. Em outra tigela, misture as gemas com o açúcar, o amendoim e o fermento em pó. Acrescente as claras em neve e mexa delicadamente. Despeje a massa na forma preparada. Leve ao forno médio (180°C), preaquecido, para assar por cerca de 20 minutos.

Observação: A massa desse bolo não leva farinha.

Sugestão: Regue as fatias de bolo com um pouco de leite condensado.

Bolo de café

◆

Ingredientes:
manteiga para untar – farinha de trigo para polvilhar – 3 ovos (claras e gemas separadas) – 1 xícara de chá de açúcar – 1 colher de sopa de café solúvel – 1 1/2 xícara de chá de farinha de trigo – 1 colher de sopa de fermento em pó – creme chantili para acompanhar

Modo de fazer: Unte uma forma redonda com buraco no meio e polvilhe com farinha de trigo. Bata as claras em neve e reserve. Em outra tigela, misture as gemas, o açúcar e o café dissolvido em 1 xícara de chá de água. Peneire a farinha com o fermento. Acrescente à massa os ingredientes peneirados. Por último, junte as claras em neve e mexa delicadamente. Despeje a massa na forma preparada. Leve ao forno médio (180°C), preaquecido, para assar por cerca de 25 minutos ou até que, enfiando um palito, este saia seco. Retire do forno, desenforme e espere amornar. Sirva cortado em fatias, acompanhado de creme chantili.

Bolo de fubá e coco

◆

Ingredientes:

manteiga para untar – farinha de trigo para polvilhar – 3 ovos – 1 colher de sopa de manteiga – 1 xícara de chá de açúcar – 2 colheres de sopa de farinha de trigo – 2 xícaras de chá de fubá – 1 colher de sopa de fermento em pó – 1 xícara de chá de leite fervente – 1 vidro de leite de coco

Modo de fazer: Unte uma assadeira e polvilhe com farinha de trigo. Junte todos os ingredientes no liquidificador e bata até obter uma massa homogênea. Despeje a massa na forma preparada. Leve ao forno médio (180°C), preaquecido, para assar por aproximadamente 25 minutos ou até que, ao enfiar um palito, este saia seco. Retire do forno, desenforme e sirva o bolo ainda quente, cortado em quadrados.

Sugestão: Para acentuar o sabor e umedecer o bolo, regue-o depois de assado com 1 vidro de leite de coco.

Bolo sem açúcar

◆

Ingredientes:

manteiga para untar – farinha de trigo para polvilhar – 4 ovos (claras e gemas separadas) – 2 colheres de sopa de manteiga – 1 colher de chá de sal – 3 xícaras de chá de farinha de trigo – 2 colheres de sopa de fermento em pó – 2 xícaras de chá de leite

Modo de fazer: Unte uma forma e polvilhe com farinha de trigo. Bata as claras em neve. Acrescente as gemas, uma a uma, batendo sempre. Adicione a manteiga e o sal. Peneire a farinha com o fermento. Acrescente à massa os ingredientes peneirados, intercalando com o leite. Despeje a massa na forma preparada. Leve ao forno médio (180°C), preaquecido, para assar por cerca de 35 minutos. Retire do forno e desenforme.

Sugestão: Sirva acompanhado de geléia (sabor de sua preferência) ou regue com calda de chocolate.

BOLO DE LEITE CONDENSADO

◆

Massa:
manteiga para untar – farinha de trigo para polvilhar – 4 ovos – 1 lata de leite condensado – 2 colheres de sopa de manteiga – 1 xícara de chá de farinha de trigo – 1 colher de sopa de fermento em pó

Calda:
1 xícara de chá de açúcar – 1 colher de sopa de essência de baunilha

Modo de fazer: Unte uma forma e polvilhe com farinha de trigo. Bata todos os ingredientes da massa no liquidificador. Despeje a massa na forma preparada. Leve ao forno médio (180°C), preaquecido, para assar por cerca de 30 minutos. Enquanto o bolo assa, prepare a calda: misture numa panelinha o açúcar e a baunilha com 1 xícara de chá de água. Deixe ferver por 5 minutos. Quando retirar o bolo do forno, regue-o com a calda.

BOLO DE MAÇÃ

◆

Ingredientes:
manteiga para untar – farinha de trigo para polvilhar – 2 xícaras de chá de farinha de trigo – 1 colher de sopa de fermento em pó – 1 xícara de chá de leite – 4 ovos – 1 xícara de chá de manteiga – 1 xícara de chá de açúcar – 2 maçãs cortadas em cubinhos, com casca

Modo de fazer: Unte uma forma redonda e polvilhe com farinha de trigo. Peneire numa tigela a farinha com o fermento. Bata no liquidificador os demais ingredientes e despeje sobre os ingredientes peneirados. Misture bem. Despeje a massa na forma preparada. Leve ao forno médio (180°C), preaquecido, para assar por cerca de 30 minutos.

Sugestões: Acrescente à massa 1 colher de chá de canela em pó. Se preferir, junte os cubos de maçã inteiros, sem bater no liquidificador. Para fazer bolo de banana, substitua a maçã por 1 xícara de chá de banana amassada.

SURPRESA DE COCO

◆

Ingredientes:
1 xícara de chá de coco ralado seco – 1 tablete (100 g) de margarina – 2 xícaras de chá de açúcar – 4 ovos – 2 xícaras de chá de leite – 2 xícaras de chá de farinha de trigo – 1 colher de sopa de fermento em pó – 1 xícara de chá de ricota fresca bem amassada – 3 colheres de sopa de queijo parmesão ralado – raspas de casca de limão (opcional)

Modo de fazer: Preaqueça o forno. Respingue o coco ralado com água e deixe hidratar por alguns minutos. Bata metade da margarina com metade do açúcar até obter uma mistura clara. Adicione 2 claras (reserve as gemas), metade da farinha e do fermento, a ricota, o coco hidratado, metade do leite e do açúcar e misture tudo muito bem. Passe a massa para uma forma untada e leve ao forno para assar por uns 20 minutos. Enquanto isso, misture os ingredientes restantes, batendo bem após cada adição. Bata as claras em neve e misture, mexendo sem bater. Se quiser, adicione raspas de casca de limão. Retire a assadeira do forno e despeje, delicadamente, a segunda massa por cima. Leve de volta ao forno e asse por mais uns 40-50 minutos, ou até que a superfície esteja dourada e firme. Deixe esfriar para cortar em quadradinhos.

BOLO DE CHOCOLATE

◆

Ingredientes:
manteiga para untar – farinha de trigo para polvilhar – 4 ovos – 1 xícara de chá de açúcar – 1 xícara de chá de leite – 1 xícara de chá de chocolate em pó – 1 1/2 xícara de chá de farinha de trigo – 1 colher de sopa de fermento em pó

Modo de fazer: Unte uma forma redonda com buraco no meio e polvilhe com farinha de trigo. Bata todos os ingredientes no liquidificador até obter uma massa homogênea. Despeje a massa na forma preparada. Leve ao forno médio (180°C), preaquecido, para assar por cerca de 30 minutos. Retire do forno, desenforme e sirva.